Mehr über unsere Bücher, Autor:innen und Illustrator:innen unter
www.thienemann.de

Katalina Brause und Daniela Kunkel:
Elli Erbse – Ein Osterhuhn hat viel zu tun
ISBN 978-3-480-23556-8

Umschlagtypografie: Sabine Reddig, Designabdrei, Karben
(unter Verwendung von Motiven von Daniela Kunkel)
Innentypografie: Götz Rohloff – Die Buchmacher, Köln
Reproduktion: Schwabenrepro GmbH, Fellbach
Druck und Bindung: Livonia Print, Riga, Lettland

© 2022 Esslinger Verlag in der Thienemann-Esslinger Verlag GmbH,
Blumenstraße 36, 70182 Stuttgart
Printed in Latvia.
4. Auflage 2025
Alle Rechte vorbehalten.
Wir behalten uns die Nutzung unserer Inhalte für Text und
Data Mining im Sinne von § 44b UrhG ausdrücklich vor.

Elli Erbse
Ein Osterhuhn hat viel zu tun!

Katalina Brause
Daniela Kunkel

esslinger

In diesem Frühling hatte Erbse zum allerersten Mal Eier gelegt.
Die Sonne schien, Blumen blühten und Vögel zwitscherten.
Erbse guckte liebevoll in ihr Nest. Eigentlich sahen alle Eier
gleich aus. Doch für Erbse war eines schöner als das andere!
Sie drückte ihren Po noch etwas fester auf die Eier und schloss
die Augen.

»Kannst schon mal Tschüss zu deinen Eiern sagen, Erbse«, riss Emma, die alte Henne, sie aus ihren Träumen.
»Hast du den roten Kringel im Stallkalender nicht gesehen?« Erbse starrte zur Wand. »Ja, und ...?«, fragte sie erschrocken.
»Morgen ist Ostern!«, sagte Emma. »Der Osterhase holt alle Eier aus unserem Stall zum Anmalen und Verstecken für die Kinder, wie jedes Jahr«, gackerte sie.

WAS hatte Emma da gesagt?
Von Ostern hatte Erbse schon gehört. Aber dass der Osterhase ein Raubhase sein sollte!? Erbse war außer sich vor Sorge. Sie MUSSTE ihre Eier retten! Und sie wusste auch schon wie ...

Als die Sonne unterging, schlich Erbse nach draußen und versteckte Ei um Ei.

Ein Ei im Schuppen hinter dem Holz,

eins in Bauer Jakobs Strohhut,
eins in der alten Badewanne,

... im Gras unterm Apfelbaum,

... im Schaukel-Autoreifen,

... unter dem Schweinetrog,
sogar eins an dem kleinen Holzhäuschen
mit dem Herz in der Tür ...

»Ein Huhn muss tun, was ein
Huhn tun muss«, dachte Erbse.

Sie häkelte kleine Mützen, damit
die Eier es schön warm hatten.
Und sie malte eine Karte mit
allen Verstecken.

Erbse freute sich. Vor dem Raubhasen waren die Eier erst mal sicher! Dachte Erbse jedenfalls.
Falsch gedacht.
Denn in der Nacht trippelten zwei klitzekleine Stallmäuse herbei und stibitzten Erbses Karte – sie nahmen sie weg!

Auweia. –

Wenn Erbse doch nur aufgewacht wäre!

Doch sie schlief tief und fest.

Ach, du grüne Hühnergrütze!

Erst am nächsten Mittag wurde Erbse wach und sah sich um. Wo war die Karte? – Sie war weg! Und die Eier auch!

Panisch stürzte Erbse nach draußen.
Kalter Regen prasselte auf sie.
Und da sah sie ihn: den Raubhasen
samt Karte und ihren Eiern!

Mutig stellte Erbse sich dem Dieb in den Weg. »Pfoten weg!«, schrie sie und griff nach dem Korb. »Das sind MEINE Eier!«

»DEINE Eier?«, fragte der Osterhase überrascht und zog am Korb. »Nix da! Die Kinder freuen sich doch schon drauf!«

»Wie, was, Kinder?!«, fragte Erbse. Sie stutzte. Über die Kinder hatte sie gar nicht nachgedacht. In diesem Moment griff der Hase zu.

Er schnappte sich den Korb
und rannte den Hügel hinauf.
Erbse raste hinterher,
holte den Osterhasen ein, und dann ...

WAAAAAAAH! –

... kullerten die beiden mitten in die Matschepampe! –
WATSCH!

Erbse riss die Augen auf. Wie der Osterhase aussah!
Ohren, Näschen, Schnurrhaare ...
alles von oben bis unten besudelt!

Erbse prustete. Plötzlich kicherte es nur so
aus ihr heraus. Bald lachten alle beide,
dass der Schlamm nur so wackelte wie der
wackeligste Wackelpudding!
»Wie du aussiehst!«, japste der Osterhase und
schlug vor Lachen mit den Pfoten in den Schlamm.

Und PATSCH! – ...

…landete ein dicker Spritzer auf Erbses Schnabel.
Erbse starrte den Schlammspritzer an.
Schokoladenbraun sah er aus.
Wie dicke, süße Schokoladensoße.
Die Schlamm-Schokoladensoße tropfte auf
Erbses Flügel hinunter. Da kam ihr eine Idee!

»Ich weiß, wie wir den Kindern eine richtig tolle Osterüberraschung machen!«, rief sie und zwinkerte dem Hasen zu. »Wir brauchen keine Hühnereier!«

Zurück am Hühnerstall verteilte Erbse Zettel.
Darauf stand etwas sehr Geheimes.
Kurze Zeit später brachten Emma und die anderen Hühner
sehr geheime Dinge herbei. Erbse warf alles in einen großen
Topf und rührte. Sie rührte, bis die Flügel lahm wurden.

Endlich war es so weit. »Kommt alle, schnell!«, riefen die Hühner fröhlich. »Schaut, was Erbse sich ausgedacht hat!« Bald wussten alle Tiere auf dem Bauernhof von Erbses großartiger und leckerer Erfindung und probierten davon.

Auch die Stallmäuse und der Raubhase, ach was, der Osterhase, ließen es sich schmecken.
Und sie alle sahen sehr, sehr glücklich aus.
Genau wie Erbse.

»Das hast du wirklich toll gemacht!«, sagte der Osterhase und legte ihr stolz eine Pfote auf die Schulter.

Alle jubelten und freuten sich und hüpften hin und her. Der Hahn holte seine Gitarre hervor und spielte zur Feier ein Lied, das Lied vom Osterhasen und von Erbse, dem kleinen schlauen Osterhuhn, der großen Erfinderin.

Alle sangen mit und tanzten den neuen Tanz, den Schiki-Schaka-Schoko. Und sie lachten und knabberten Schokolade, bis die Sterne über dem Hühnerstall aufgingen …

… und nur noch der süße Duft von Schokolade in der Nachtluft hing.

Doch – ob Nacht oder Tag – Erbse hatte noch etwas Wichtiges, etwas ganz Besonderes zu tun ...

Und im nächsten Jahr machten Erbse und Ernesto und Ella und Enrico und Eugenia und wie Erbses Kinder alle hießen, ZUSAMMEN die leckersten und schönsten Schokoladeneier.

Vielleicht entdeckst auch du in deinem Osternest ein paar von ihren Köstlichkeiten.
Man sagt, sie schmecken schokoladig gut.